北魏墓誌精粹二

高照容墓誌　元暐墓誌　元懌墓誌

元瑛墓誌　元弼墓誌

上海書畫出版社

圖書在版編目（CIP）數據

北魏墓誌精粹二，高照容墓誌、元賄墓誌、元懌墓誌、元瑛墓誌、元邵墓誌 / 上海書畫出版社編．-- 上海：上海書畫出版社，2022.1
（北朝墓誌精粹）
ISBN 978-7-5479-2771-7

Ⅰ．①北… Ⅱ．①上… Ⅲ．①楷書－碑帖－中國－北魏
Ⅳ．①J292.23
中國版本圖書館CIP數據核字（2021）第280745號

叢書資料提供

王　東　楊永剛　鄧澤浩　程迎昌
王新宇　吴立波　孟雙虎　楊新國
閻洪國　李慶偉

北朝墓誌精粹

北魏墓誌精粹二

高照容墓誌　元賄墓誌　元懌墓誌
元瑛墓誌　元邵墓誌

本社　編

責任編輯　馮　磊
審　　讀　陳家紅
整體設計　簡　之
技術編輯　包賽明

出版發行　上海世紀出版集團
　　　　　上海書畫出版社
地址　上海市閔行區號景路159弄A座4樓
郵政編碼　201101
網址　www.shshuhua.com
E-mail　shcpph@163.com
製版　上海久段文化發展有限公司
印刷　浙江海虹彩色印務有限公司
經銷　各地新華書店
開本　787×1092mm　1/12
印張　7 2/3
版次　2022年3月第1版
　　　2022年3月第1次印刷

書號　ISBN 978-7-5479-2771-7
定價　五十五圓

前言

北朝時期的書跡，多賴石刻傳世，在中國書法史中佔有着極其重要的位置。由於極具特色，後世將這個時期的楷書統稱爲『魏碑體』。特别是北魏孝文帝遷都洛陽之後，留下了非常豐富的石刻文字，常見的有碑碣、墓誌、造像、摩崖、刻經等。在這數量龐大的『魏碑體』中，數量最多，保存相對最爲妥善的無疑當屬墓誌了。墓誌刊刻之石多材質精良，埋於地下亦少損壞，絶大多數字口如新刻成一般，最大程度保留了最初書刻時的原貌。

北朝時期的楷書與唐代的楷書有著非常大的不同，整體而言，字形多偏扁方，筆畫的起收處少了裝飾的成分，也多了一分質樸生澀的氣質。

至清代中晚期，北朝石刻書法開始受到學者和書家的重視。至清末民國時，北朝墓誌的出土漸多，這時期出土的墓誌拓本流佈較廣，且有近百年來的出版傳播，其中不少書法精妙者成爲墓誌中的名品。而近數十年來所新出的北朝墓誌數量不遜之前，但傳拓較少，出版亦少，對於書法愛好者及學習者而言，相對較爲陌生。這些新出的墓誌以河南爲大宗，其他如山東、陝西、河北、山西等地亦有出土。其中有不少屬於精工佳製，也有一些相對略顯草率。自書法的角度來説，不少墓誌與清末至民國時期出土者書風極爲接近，另亦有不少屬於早期出土墓誌中所未見的書風，這些則大大豐富了北朝書法的風貌。

本次分册彙編的墓誌絶大多數爲近數十年來所出土，自一百多種北朝墓誌中精選而成。所收墓誌最早者爲《司馬金龍墓誌》，刻於北魏太和八年（四八四）十一月十六日。最晚者爲《崔宣默墓誌》，刻於北周大象元年（五七九）十月二十六日。共收北朝各時期墓誌七十品。其中北魏墓誌五十五品，東魏墓誌五品，西魏墓誌三品，北齊墓誌四品，北周墓誌三品。這些墓誌有的是各級博物館所藏，有的是私家所藏，除少數曾有原大出版之外，絶大多數的都是首次原大出版，亦有數件墓誌屬於首次面世。

由於收録的北魏墓誌數量相對最多，所以我們又以家族、地域或者風格進行分類。元氏墓誌輯爲兩册，楊氏墓誌輯爲一册，山東出土之墓誌輯爲一册。書法剛健者輯爲一册，奇崛者輯爲一册，清勁者輯爲一册，整飭者輯爲一册。東魏、西魏輯爲一册，北齊、北周輯爲一册。

所有選用的墓誌拓片均爲精拓原件拍攝，先爲墓誌整拓圖，次爲原大裁剪圖，有誌蓋者亦均如此（偶有略縮小者均標明縮小比例）。旨在爲書法愛好者及學習者提供更爲豐富的書法資料。對於書法學習者來説，原大字跡亦是學習的最好範本。

目録

高照容墓誌 〇〇一
元賄墓誌 〇一三
元懌墓誌 〇二七
元瑛墓誌 〇四九
元祀墓誌 〇六三

高照容墓誌

魏文昭皇太后山陵誌銘并序

皇太后高氏諱照容冀州勃海脩人　高祖孝

皇帝之貴人　世宗宣武皇帝之母逖邈源綿

方載史冊豈寄昭陳翦稟淵懿之靈風體踈通之

俗機明入神幼處素閑靡秩佇德爰接帝幄樹

樞之靈蓮慶都之感是以延寵　高祖誕載

母養萬國曾未龍飛遄棄萬壽以太和廿年

四吏時薨于洛宮悼軫　皇闈慕切儲禁

高照容墓誌

刻於北魏神龜二年（五一九）。高氏爲孝文帝元宏之貴人，宣武帝元恪生母，宣武帝即位後追尊爲文昭皇后。一九四六年出土於孟津縣官莊村，現藏洛陽博物館。墓碑左邊及下邊殘缺，殘石拓墨部分長五十九釐米，寬五十一釐米。

魏文昭 皇太后山陵

誌銘并序

皇太后高氏諱照容冀

州勃海條人 高祖考

015

皇帝之貴人世宗
宣武皇帝之母追遷源
綿[illegible]方載史冊豈寄昭
陳務稟淵懿之靈風體

跡通之俗擬明入神幼
彖素閑靡秩仰德爰接
帝幄樹樞之靈蓬慶
都之感是以延寵高

祖誕載

毋養萬國

曾未龍飛遄稟萬壽以

太和廿年

四更時

薨于洛宮悼慟

皇闈

墓切儲禁[illegible]武皇
絛運逥追尊曰皇太
君時以軍國[illegible]錫
舊塋肅紀于兹皇上追

先帝之遺
遐舉筮三龜協從吉兆
以神龜二年
祔高祖長陵之右

天長地永大
迺
鐫其銘曰
有憑於

元晫墓誌

魏故鎮遠將軍安州刺史元使君成公墓誌銘
君諱賄字多寶司州河南洛陽人　烈祖道武皇帝之玄孫
大宗明元皇帝之曾孫也　世祖太武皇帝之弟孫侍中使持節
都督秦雍涇梁益五州諸軍事開府儀同三司衛大將軍長安鎮
都大將雍州刺史樂安宣王之孫侍中使持節都督冀定幽相四
州諸軍事開府儀同三司衛大將軍定州刺史樂安簡王之子[illegible]
繼從伯持節安南將軍虎牢鎮都大將建寧哀王之後君殖寘根
於幽極任中和召誕生彖累葉之重光繼百代而不已易如孝弟
仁義備舉故松開寸葉已有通霄之狀長懷節儉恒守風雲之志
岳挺淵深獨拔不羣之操內含虬虎之資不召士遠為慕太和中
高祖孝文皇帝召君宗尊守素榮拜虎賁中郎將辭不獲已晚恭
朝命俄遷威遠將　軍統軍鎮援壽春玄筭遠謀出自天機故能

君功績徽流擢爲陳郡太守臨政六載移風易俗限滿旋都民懷
遯路之泣昔卜商能正於西河午倫善治於會稽古況今爲是
爲踰峻翮未終高風已翹春秋六十有七召神龜三年歲次庚子
四月甲辰朔廿六日己巳寢疾薨于第易名有典追贈鎮遠將軍
安州刺史謚曰戍正光元年十一月十四日卜窆于景陵東阿步
龍之岡刊石勒誌迺作頌曰
魏魏帝構鬱鬱王基盤宗屬緒懋德聯暉寬恭敏亶柔信宣慈遙
襟曠舉逸气遐飛出辭黃館入事丹闈秉秉禁旅三龍戎夜宣化
楚甸轂政陳纖民俗載緝庸望攸歸善仁莫輔報施多欺風驅迅
序葉下霜時重泉已閟宿草方痍循名徒勒榮錫空追

元賄墓誌

刻於北魏正光元年（五二〇）十一月十四日。出土時地不詳，現藏洛陽博物館。拓本長六十九釐米，寬六十九釐米。

魏故鎮遠將軍兖州刺史元

使君成公墓誌銘

君諱䑑字多寶司州河南洛

陽人　烈祖道武皇帝之玄

孫　大宗明元皇帝之曾孫

也　世祖太武皇帝之弟孫
侍中使持節都督秦雍涇梁
益五州諸軍事開府儀同三
司衛大將軍長安鎮都大將
雍州刺史樂安宣王之孫侍

中使持節都督冀定幽相四
州諸軍事開府儀同三司衛
大將軍定州刺史樂安簡王
之子后繼從伯持節安南將
軍枹罕鎮都大將建寧哀王

之後君殖冥根於幽極任中
和召誕生象累葉之重光繼
百代而不已易如孝弟仁義
備舉故松開寸葉已有通霜
之狀長懷節儉恒守風雲之

志岳挺淵深獨拔不羣之操
内含虬虎之資不已士適為
纂太和中高祖孝文皇帝已
君宗尊守素榮拜虎賁中郎
將辟不獲已晚恭朝命俄遷

威遠将軍統軍鎮援壽春
玄笇遠謀出自天機故能振
威淮楚使江湘夏雪厭寧淡
野令翁北知春西戎梁益岷
蜀髙其義旋環闈闈朝廷稱

其仁是曰延昌二季　世宗
宣武皇帝曰君功績徽流擢
爲陳郡太守臨政六載移風
易俗限滿旋都民懷遮路之
泣昔卜商能正扵西河午倫

善治於會稽㠯古況今爲是
爲踰峻翮未終高風已邈春
秋六十有七㠯神龜三年歲
次庚子四月甲辰朔廿六日
己巳寢疾薨于第易名有典

追贈鎮遠将軍安州刺史謚
曰成正光元年十一月十四
日卜窆于景陵東阿步龍之
岡刊石勒誌迺作頌曰
巍巍帝構鬱鬱王基盤宗屬

緒懋德聯暉寬柔敏宣孚信
宣慈邃襟曠舉逸氣遐飛出
辭黃館入事丹闈再隸禁旅
三襲戎衣宣化楚甸報政陳
畿民俗載緝肅望攸歸善仁

莫輔邦施夕欺風驅迅序葉
下霜時重泉已閟宿草方蕪
循名徒勒縈錫空追

元懌墓誌

魏故使持節侍中假黄鉞太師丞相大將軍都督中外諸軍事録尚書事太尉公清
河文獻王墓誌銘
王諱懌字宣仁河南洛陽人也　太祖道武皇帝之七世孫　高祖孝文皇帝之第
四子生而雅有奇表　文皇特所鍾愛幼而聰悟慧性自然内明外朗之美生知徇
齊之妙固已擬睿高陽同徽子晋年方齔便學通諸經强識博聞一見不忘百氏
無遺羣言畢覽文華綺贍下筆成章早高觀物在興而作雖倉時之敏七步之精未
之過也太和二十一年封清河郡王食邑二千戶　高祖晏駕居喪過禮泣血三年
幾于滅性　世宗之在東宮特加友異每與王談玄剖義日晏忘疲王儀容美麗端
嚴若神風流之盛獨絶當時温恭淑慎動合規矩言爲世則行成師表澹然以天地
爲心憘怒不形于色拜侍中金紫光禄大夫獻納維允民咏時雍遷尚書僕射舊庸
熙載彝倫攸穆轉特進左光禄大夫侍中司空公太子太師鼎味變諧邦事修乂今
上龍飛增邑千室進位司徒侍中如故緝兹八刑光明五教遂登太傅領太尉公居
中論道總攝機衡　皇上富于春秋委王以周公之任秉國之均綱維萬務理無滯
而不申賢無隱而不舉政和神悅謳咏所歸於是庶績咸熙百揆時序四門濟濟雷
雨不迷我德如風民應如草輔政六年太平魏室雖伊尹格于皇天周公光于四海
擬道論功未可同年而語而運遘時屯惡直醜正疊起不疑爲對凶所劫神龜三年

館京師尤甚四方憤惋所在兵興七鎮鼎傾二秦覆沒百姓流離死者太半於是
皇上孝慈爰發　皇太后舊獨見之明翦黜姧權唯新時政羣穢稍清闡明大禮召
孝昌元年歲次乙巳十一月壬寅朔二十日辛酉改窆瀍西邙阜之陽追崇使持節
假黃鉞太師丞相大將軍都督中外諸軍事錄尚書事侍中太尉公王如故加以殊
禮鑾輅九旒虎賁班劍百人前後部羽葆鼓吹轀輬車一依彭城武宣王故事其黃
屋左纛依漢大將軍霍光故事備錫九命謚曰文獻禮也　皇輿臨送哀慟　聖衷
乃命史臣鐫芳玄室其詞曰
靈光蘊寶運德應期時乘利見祥慶攸歸玄符纂籙受命龍飛於穆君王徽聖重暉
重暉伊何皇家之鎮慧茂生知睿隆周晉響振金聲比德玉聞旣明且嚞温恭淑慎
汪汪萬頃恂恂善誘爲而不恃作而不有量苞海岳可大可久啓宇河墳翼我
聖后凝神獨秀秉一居貞調風作相乾以載清柔遠懷迩闡曜威靈太平魏道簫韶
九成方介景福永濟黎蒸孔言徒設信順無徵山頹爲谷酸感丘陵巷哭市哀萬里
拊膺禮均齊獻錫等桓文峩峩鑾輅袹邑氛氳功成名立盛典宗羣鴻謨不朽萬載
垂芬

元懌墓誌

刻於北魏孝昌元年（五二五）十一月二十日。一九四八年在洛陽市城北二公里邙山南麓一座俗稱『青菜塚』、『司馬懿塚』塚內盜出，現藏洛陽博物館。拓本長九十七點五釐米，寬九十八點七釐米。

魏故使持節侍中假黃鉞
太師丞相大將軍都督中
外諸軍事錄尚書事太尉
公清河文獻王墓誌銘
王諱懌字宣仁河南洛陽

人也　太祖道武皇帝之
七世孫　高祖孝文皇帝
之第四子生而雅[illegible]奇表
　文皇特所鍾愛務而聰
悟慧性自然內明外朗之

美生知侚齊之妙固已擬
睿高陽同徽子晉季方齡
齔便學通諸經强識博聞
一見不忘百氏無遺羣言
畢覽文華綺贍下筆成章

昇高觀物在興而作雖倉
時之敎七步之精未之過
也太和二十一年封清河
郡王食邑二千戶　高祖
晏駕居喪過禮泣血三年

幾天縱性　世宗之在東
宮特加友異每與王談玄
剖義日晏忘疲王儀容美
麗端凝若神風流之盛獨
絕當時溫恭淑慎動合規

矩言爲世則行成師表澹
然呂天地爲心憘怒不形
于色拜侍中金紫光祿大
夫獻納維允民咏時雍遷
尚書僕射舊庸熙載彝倫

攸穆轉特進左光禄大夫
侍中司空公太子太師鼎
味爕諧邦事脩文令上龍
飛增邑千室進位司徒侍
中如故緝兹八刑光明五

教遂登太傅領太尉公居
中論道揔攝機衡　皇上
富于春秋委王召周公之
任秉國之均綱維萬務理
無滯而不申賢無隱而不

舉政和神悅謳咏所歸於
是庶績咸熙百揆時序四
門濟濟雷雨不迷我德如
風民應如草輔政六年太
平魏室雖伊尹格于皇天

周公光于四海擬道論功未可同年而語而運遘時屯惡直醜正疊起不疑爲姦凶所翦神龜三年歲次庚子春秋三十有四七月

癸酉朔三日乙亥害王於
位遂隔絶二宮矯擅威
柄四海能言莫不悲慟咸
曰嚞人云亡邦國殄悴自
此哭旱積秊風雨愆節歲

頻大飢京師尤甚四方憤
惋所在兵興七鎮鼎傾二
秦覆沒百姓流離死者太
半於是　皇上孝慈愛發
皇太后舊獨見之明翦

黜姧擢雖新時政聲稱
清闡明大禮召孝昌元秊
歲次乙巳十二月壬寅朔
二十日辛酉改窆瀍西邙
阜之陽追崇使持節假黃

鉞太師丞相大將軍都督
錄尚諸軍事錄尚書事侍
中太尉公王如故加殊
禮鑾輅九旒虎賁班劒百
人前後部羽葆鼓吹轀輬

卑一依彭城武宣王故事

其黃屋左纛依漢大將軍

霍光故事備錫九命謚曰

文獻禮也　皇輿臨送哀

慟聖衷乃命史臣鐫芳

玄室其詞曰
靈光蘊寶
運德應期時乘利見祥慶
攸歸玄符纂錄受命龍飛
於穆君王徹聖重暉重暉
伊何皇家之鎮慧茂生知

睿隆周晉響振金聲比德
玉潤既明且喆溫恭淑慎
汪汪萬頃恂恂善誘爲而
不恃作而不有量苞海岳
可大可久啓宇河墳翼我

聖后凝神獨秀秉一居
貞調風作相乾以載清柔
遠懷途闡曜威靈太平魏
道簫韶九成方介景福永
濟黎蒸孔言徒設信順無

徽山頽爲谷酸感芒陵巷
哭市哀萬里拊膺禮均齊
獻錫等桓文峩峩鑾輅祖
豈氣蓋物成名立盛典不
聲鴻謨不朽萬載垂芬

元瑛墓誌

魏故司空勃海郡開國公高猛夫人長樂長公主墓誌銘
主諱瑛高祖孝文皇帝之季女世宗宣武皇帝之母妹神情恬暢志識高
遠六行允備四德無違孝友出於自然柔恭表於天性雖俔天為妹生自深
宮至於箕帚製用醴醢程品非唯酌言往載而率用過人加以披圖問史好
學罔勸該柱下之妙說覈七篇之幽旨馳法輪於金陌開靈光於寶樹綃縠
風靡谷滌川流所著辭誄有聞於世蘭芝之雕篆富麗遠未相擬書家之肇
悅淹通將何以匹及於姿同似月麗等嶷神雖復邯鄲莊容易陽稚質無能
尚也爰始相從事歸髦傑自非地兼齊紀聲高梁魏則肅雍之車御輪無主
司空文公矜懷方傾墉宇千刃清徽素譽樹暎一時乃以選尚為和若塤篪
好踰琴瑟敷政內朝允釐中饋恩雖被物貴不在身方謂天道無親降年有
永茲義一乖息駕已及春秋年三十有七孝昌元年十二月廿日薨於洛陽
之壽安里二宮摧慟遐邇同傷詔曰高氏姑長樂長公主四德早徽柔儀播
譽方享遐頤式昭閨範奄至薨背哀慟抽惋不能自任可賻雜綵八十匹絹

018

銘徽烈俾貽不朽其辞曰
金風不競淪胥寶命叶光在曆終握天鏡行夏乘殷重基累聖北都既徙南
風在詠周原膴膴菫荼如飴蔦生良媛曷不若茲女圖起則彤管興辞溫恭
爲性仁讓爲基之既有行來儀君子居滿不溢慎終如始親事祔蘩躬察麻
枲柔儀已暢陰德唯理人生若寄自古同然儵如風燭飄若吹煙悠悠若是
于嗟上天蔑軔華屋投宿玄泉芒芒遠甸崔崔遙阪再見何期一暝方遠如
慕已誄若疑行及窮毀江侵有芳山晼

元瑛墓誌

刻於北魏孝昌二年（五二六）三月七日。二十世紀三十年代出土於河南省洛陽市東北小李村，現藏洛陽博物館。拓本長七十九點二釐米、寬八十釐米。

魏故司空勃海郡開國公高
猛夫人長樂長公主墓誌銘
主諱瑛　高祖孝文皇帝之
季女世宗宣武皇帝之母妹
神情恬暢志識高遠六行允

備四德無違孝友出於自然
柔恭表於天性雖俔天爲妹
生自深宮至於箕箒製用醴
酏程品非唯酌言法載而率
用過人加以披圖問史好學

四勸詠柱下之妙說覈七篇
之幽旨馳法輪於金陌開靈
光於寶樹綃縠風靡[illegible]添川
流所著辭誄有聞於世蘭芝
之雕篆富麗遠未相擬書家

之肇悅淹通將何呂迅及於
姿同似月麗等鞮神雖復邯
鄲莊容易陽稚質無能尚也
爰始相彼事歸髦傑自非地
兼齊紀聲高梁魏則肅雍之

車御輪無主司空文公衿懷
万頃墉宇千刃清徽素譽欄
睠一時乃召選尚焉和若塤
儒好踰琴瑟敦政内朝允釐
中饋恩雖被物貴不在身方

謂天道無親降秊有永茲義
一乘息駕已及春秋秊三十
有七孝昌元秊十二月廿日
薨於洛陽之壽安里二宮摧
慟遐迩同傷詺曰高氏姑長

樂長公主四德早徵柔儀播
譽方亭遐顯戎昭閨範奄至
薨背哀慟抽惋不能自任可
賻雜綵八十匹絹八百匹布
八百匹給東園秘器膻三百

亍可遣鴻臚監護喪事㠯二
年三月七日將合窆於司空
文公之穴哀[illegible][illegible][illegible]痛丹青
之易歌將陵谷之難又或銘
徽烈俾貽不朽其辭曰

金風不競淪胥寶命叶光在
曆終握天鏡行夏秉殷重基
累聖北都既從南風在詠周
原膴膴堇荼如飴篤生良媛
曷不若茲女圖起則彤管興

辭溫恭為性仁讓為基之既
有行來儀君子居滿不溢慎
終如始親事衎蘩躬察麻葈
柔儀已暢陰德唯理人生若
寄自古同然儵如風燭飄若

吹煙脩脩若是于嶢上天蔎
軔華屋投宿玄泉芒芒遠甸
崔崔逢陖再見何期一瞑方
遠如慕巳訣若疑行及蘗毀
江侵有芳山睕

元玘墓誌

魏故侍中司徒公驃騎大將軍使持節定州刺史常山文恭王墓誌銘并序
王諱𥙐字子開　高祖孝文皇帝之孫　丞相清河文獻王之第二子也導黃源於壽丘締帝
若水平城恢百世之基洛陽構千載之鄴故以超蹤炎漢邁迹昌周記言盈於五都書事茂於三代
王稟連漢遠祥極天正氣體備通理神炳異眸穡宇沖邃涯涘淵曠宗廟難闚澄撓不測若夫知來
後素之業師逸於綺襦外堂入室之功道備於紈絝文情婉麗琴性虛閑射不出征辞參辯囿故以
摠三端於一身兼四科而在己年十八為侍書拜通直散騎侍郎衣青典闈珥筆鴛沼起予唯新渙
汗載密俄領符璽郎中傳代祕重六細難闚事有授命之期理無咸匽之請及妖起孽宗雺結閹𩯭
桐宮從遷寶胙將遷虐盛道消毒流傾復泣血四載嘗膽六春餘端若存枉骸如朽非枯林之可匹
寧廢祖之能方逮兩曜還明二兇克屏蟬侍侯德密衛須才乃除通直散騎常侍領領左右王風
軌端凝幹局海整允金貂之華延禦侮之實又廣內紛詭流略殘訛子政之務有歸子駿之任斯在
仍以本職監內典書折蘭無遺絕編咸舉陳農之功未遠河間之業重還尋封廣川縣開國公食邑
一千戶進封常山郡王增邑千室餘並如故詧石命親寔膺維城之重藉茅為誓實允礪帶之期尋
遷平南將軍散騎常侍中軍將軍王德茂於朝器優於世高蹈列國獨肅羣英風行草偃有心所以
同慕煙消月上物情於是咸懽顧龍門之一遊思向舟之暫往摸楷不足為名月旦此焉而出後除
衛將軍河南尹王御下以清示民以信威恩適物而動真偽單辭以決乳禽不撓捐魚莫收逝肅可
追還珠詎遠方將延祉無疆陪鑾封岱光國榮家無幾今古而洪滿蕩隱巨爕燎原不自先後寔鍾
遭命武泰元年太歲戊申四月戊子朔十三日庚子暴薨于河陰之野時年二十有三惟王孝乎天
縱忠實化遠閨庭睦睦無可間之言朝廷侃侃有匪躬之譽賦山訓水辭暖三春之光誄喪哀往文
悽九秋之色至於西園命友東閣延賓懷道盈堦專經滿席臨風釋卷步月弦琴目矚五行指窮三

年七月丙辰朔五日庚申葬于瀍水之東二里黃堝堆之上若夫寒往暑來市朝為之亟變山頹隴
舉丘壠良亦不恒雖勒鍾圖閣無俙風埃之患刊泉誌石式昭不朽之容乃作銘曰
霄電降祥乃育軒黃天姬下儷是生元帝分峰玉衡㶇為削成望日齊照比月鈞明膚寸寫惠觸石
抽英弄璋伊在璧粹金貞沖鑒外發叡質內朗藍田是睎黃中抬賞曾墉已秘清潭自廣皎皎不群
昂昂孤上春詩秋礼師暇功殊彫虫綠綺盡麗窮摸惠苑舟稱辯同日餘臨碑可復在騎非虛入朝
譽洽登庸風委慎深車踵文工操紙絲綸有蔚緘篇無稱異署追芳同列歸美延華蕃邸結采戎章
貂組共映劍玉同鏘式靜中禁鑣藝西堂隱敵有託懸金載光敷風上京流範下國宿訟有歸片言
無惑易使有規愛人有則暫為冰擊將舉霞翼彼蒼如何與善虛假躓景河上罷駟芒下原隰為塵
草木塗野泣重祖光緦深逝者藥明初夏即闇始秋泉途窮窮壠道悠悠山回去翼路泫行䍐嗟乎
千載終為一丘
太妃南陽張氏　父道始陽邑中都二縣令
王兄亶字子亮侍中車騎將軍清河王
姊胡氏字孟蕤長安長公主
妹司馬氏字仲積
妹盧氏字季慈
妃胡氏　父僧洸侍中車騎大將軍儀同三司濮陽郡開國公
息羅睺羅年五　女鳳容年五　女恒娥年三

元邵墓誌

刻於北魏建義元年（五二八）七月五日。一九四八年初在洛陽盤龍塚村東南一里邙山南坡被盜出土，現藏洛陽博物館。拓本長九十一點二釐米，寬九十二點二釐米。

魏故侍中司徒公驃騎大將軍
使持節定州刺史常山文恭王
墓誌銘并序
王諱卲字子開 高祖孝文皇
帝之孫 丞相清河文獻王之

第二子也導黄源於壽丘鬱帝
□若水平城恢百世之基洛
陽搆千載之鄴故以超蹤炎漢
邁迹昌周記言盈於五都書事
茂於三代王稟連漢遠祥極天

正氣體備通理神炳異眸儃宇
沖邃涯涘淵曠宗廟難闚澄撓
不測若夫知來後素之業師遊
於綺襦外堂入室之功道備於
紈絝文情婉麗琴性虛閑射不

出征辭粲辯囿故以揔三端於
一身兼四科而在己年十八為
侍書拜通直散騎侍郎衣青典
闈珥筆鴛沼起予雖新渙汗載
密俄領符璽郎中傅代祕重六

紐難關事有授命之期理無感
逼之請及妖起孽宗霧結閹豎
桐宮從逼寶胙將遷虐盛道消
毒流顧復泣血四載嘗膽六春
餘端若存尫骸如朽非枯林之

可匹寧癈祖之能方逮　兩曜
還明二兇克屏蟬侍侯德密衛
須才乃除通直散騎常侍領領
左右王風軌端凝軒局淹整允
金貂之華延禁侮之實又廣內

紛詭流略殘訛子政之務有歸
子駿之任斯在仍以本職監內
典書析簡無遺絕編咸舉陳農
之功未遠河間之業重還尋封
廣川縣開國公食邑一千戶進

封常山郡王增邑千室餘並如
故賢后命親寔膺維城之重藉
苐為誓實允礪帶之期尋遷平
南将軍散騎常侍中軍将軍王
德茂於朝器優於世高蹈列國

獨耆羣英風行草偃有心所以
同慕煙消月上物情於是咸懽
顧龍門之一遊思向丹之暫往
摸揩不是為名月旦此焉而出
後除衛將軍河南尹王御下以

清示民以信威恩適物而動真
僞單鮮以决乳翕不撓捐魚莫
牧逝肅可追還珠詎遠方將延
祉無疆陪鑾封似光國榮家無
輩今古而洪湍蕩隱巨爕燎原

不自先後寔鍾違命武泰元年
太歲戊申四月戊子朔十三日
庚子暴薨于河陰之野時年二
十有三惟王孝乎天縱忠實化
遠閨庭睦睦無可間之言朝廷

侃侃有匪躬之譽賦山訓水鮮
曖三春之光誄喪襄往文悽九
秋之色至於西園命友東閣延
賓懷道盈堦專經滿席臨風釋
卷步月弦琴目矚五行指窮三

調布素之懷必盡風流之息悠
然道長命促嗚呼悲矣皇上
龍飛入纂鼎胙維新嗟小年之
可哀歷大夜之無逐爰發德音
以旌休烈追贈侍中司徒公驃

騎大將軍定州刺史謚曰文恭
王建義元年七月丙辰朔五日
庚申葬于瀍水之東二里黄堈
堆之上若夫寒往暑來市朝為
之亟變山頹隰舉丘壠良亦不

恒雖勒鍾圖閣無觧風埃之患
刊泉誌石式昭不朽之容乃作
銘曰
霄電降祥乃育軒黄天姬下儷
是生尨帝分峰玉衡鬱爲削成

望日齊照比月鈞明肅寸寫惠
觸石抽英弄璋伊在璧粹金貞
沖鑒外發瑴質內朗藍田是嗟
黃中招賞曹墉巳祕清潭自廣
皎皎不羣昂昂孤上春詩秋礼

師暇功殊彫虫綠綺畫麗窮摸
惠苞丹稱辯同日餘臨碑可復
在騎非虛入朝譽洽登庸風委
慎深東踵文之操紙絲綸有蔚
緘篇無稱異署追芳同列歸美

延華蕃邸結采戎章貂組共暎
劒玉同鏘式静中禁讎藝西堂
隱敞有託懸金載光敷風上京
流範下國宿訟有歸片言無惑
易使有規愛人有則暫為冰擊

將舉霞翼彼蒼如何與善盡假
蹞景河上罷駈芒下原隰爲歷
草木塗野泣重祖光怨深逝者
棄明初夏即闇始秋泉途寂寂
壠道悠悠山回去翼路泫行眸

嗟乎千載終為一丘
太妃南陽張氏　父道始陽邑
中都二縣令　王兄亶字子亮
侍中車騎将軍清河王　姊胡
氏字孟蕤長安長公主　妹司

馬氏字仲蒨　妹盧氏字季蕊
妃胡氏　父僧洸侍中車騎
大將軍儀同三司濮陽郡開國
公　息羅睺羅年五　女鳳容
年五　女恒娥年三